CE QUI S'EST FAIT

DEPUIS JUILLET 1830,

CE QUI AURAIT DU SE FAIRE,

CE QUI RESTE A FAIRE.

PARIS. — IMPRIMERIE ET FONDERIE DE FAIN,
RUE RACINE, N°. 4, PLACE DE L'ODÉON.

CE QUI S'EST FAIT

DEPUIS JUILLET 1830,

CE QUI AURAIT DU SE FAIRE,

CE QUI RESTE A FAIRE.

PAR

M. H. LONGUEVILLE,

AVOCAT.

A PARIS,

CHEZ DELAUNAY, LIBRAIRE,

AU PALAIS-ROYAL.

1831.

CE QUI S'EST FAIT

DEPUIS JUILLET 1830,

CE QUI AURAIT DU SE FAIRE,

CE QUI RESTE A FAIRE.

UNE révolution glorieuse, due à la répugnance qu'inspirait l'ancienne dynastie, et au courage des citoyens, a rendu au peuple le droit de se choisir un chef. Ce chef, il eût pu le nommer président, consul, empereur : il lui conserva le nom de roi, nom peu populaire derrière les barricades, mais que la raison publique concéda par amour de la paix. Le choix de la nation tomba sur un prince aimé pour ses vertus privées, et recommandé surtout par le souvenir de sa participation énergique au principe de notre première révolution. Il fut choisi *quoiqu'il fût* de la famille qu'on proscrivait. C'est un hommage éclatant qu'on rendait à ses hautes qualités. Le drapeau de Jemmape orna de ses nobles couleurs le pavois sur lequel le peuple éleva son roi.

Chasser ignominieusement un roi, en élire librement un autre, c'était doublement consacrer la souveraineté nationale, mais ce n'était point assez pour assurer les droits des citoyens lorsque le monarque serait proclamé.

Ces droits, concédés par la Charte de 1814, étaient trop restreints et mal définis. Il fallait qu'ils fussent établis sur une base plus large et plus démocratique.

Il s'élevait d'abord une première question : Qui pouvait constituer les droits et les devoirs respectifs du peuple et du prince ?

Etait-ce une chambre considérablement réduite par les démissions données en haine du nouvel ordre de choses, élue à l'aide d'un système aristocratique, et recrutée dans les éligibles d'une haute aristocratie qui s'était toujours montrée peu touchée des intérêts démocratiques ?

Que pouvait-il y avoir de commun entre une pareille chambre et une constitution populaire ?

Comment espérer qu'une chambre de la restauration comprendrait et mettrait en œuvre les principes de la révolution de 89, dont 1830 n'était que la continuation ?

La masse toujours intelligente demandait d'autres régulateurs de ses intérêts. La chambre, qui s'apprêtait au despotisme que nous la voyons exercer aujourd'hui, au grand détriment de nos libertés, passa outre malgré *clameur de haro*. Après avoir reconnu sa compétence, elle se hâta de recrépir la charte *octroyée*. Étrangère par sa composition, et le mode de son élection, aux inspirations généreuses qui avaient mis les armes à la main du peuple, elle ne trouve rien de mieux que de nous donner une nouvelle édition de l'œuvre, humiliante pour le pays, d'un roi connu par son astucieuse habileté.

Malheureusement les barricades avaient été trop tôt enlevées. Le peuple, après son triomphe, était retourné à ses travaux; de sorte que ceux qui, bon gré, mal gré, se disaient ses représentans, se fortifièrent dans la croyance de leur pouvoir, et se complurent dans l'idée d'une confiance populaire. Le peuple s'était montré calme comme le vrai courage, on crut qu'il se contenterait du peu qu'on voudrait bien lui donner : aussi que lui donna-t-on? une liberté de la presse avec les mesures préventives des lois de la restauration; une religion avec des ministres à la charge du trésor public; une magistrature avec l'inamovibilité de ses fonctions, qui ne l'avaient que trop souvent mis à portée de prouver l'inamovibilité de sa haine contre les opinions qui avaient triomphé; deux noblesses lorsqu'il n'en fallait pas même une, puisque depuis 1789 l'opinion et les lois l'avaient abolie. Du reste, aucun des droits politiques des citoyens ne fut claire-ment défini. Des promesses furent faites, il est vrai, de s'occuper plus tard des lois municipale, départementale et électorale, promesses qui n'ont pas plus de valeur que les vœux faits au moment du naufrage, et qui s'exécutent de même. De véritables défenseurs des intérêts du peuple auraient établi dans l'acte constitutif, comme principes fondamentaux de la loi d'élec-tion, 1°. un abaissement d'au moins moitié du cens électoral ; 2°. la disparition de celui qui était exigé des éligibles. Ils auraient stipulé, comme garantie, l'obligation par le chef de l'état de faire élever ses enfans sous la surveillance d'un conseil nommé par les chambres, et l'in-terdiction au roi de commander ses armées en personne. Mais, droits et garanties, tout fut né-gligé, oublié, ou mis de côté à dessein. La cham-bre replâtra donc la charte de Louis XVIII, et proclama le roi Louis-Philippe. Le monarque, dès les premiers jours, se montra plus libéral que la chambre. Ridiculement soumise aux lois d'un despotisme habile, elle refusa de nommer un président, dont le monarque voulait lui ren-dre le choix. Dès lors on augura mal de nos mandataires forcés, et on espéra beaucoup des intentions du prince.

Un ministère qui aurait compris la nation et

le roi aurait su donner à la chambre une direction plus énergique et plus nationale, et la chambre, qui aurait craint pour son existence, se serait bien gardé de mécontenter, par des refus pusillanimes ou des propositions illibérales, le peuple et le roi; mais malheureusement le ministère fut composé, en majorité, d'hommes voués depuis long-temps à des doctrines sans résultats, à des théories sans application, à des rêveries d'intellectualité sans réalisation possible. Plusieurs membres du ministère avaient servi la restauration, ils avaient pris part à ce célèbre système de bascule qui mécontenta tout le monde, excepté ses auteurs. Ils voulurent administrer de manière à ne pas trop se compromettre envers leurs anciens amis. L'embarras de leur position amena l'incertitude de leur conduite. Ils étaient gênés par leurs souvenirs, et plus encore par ceux de la nation : ils furent gênés dans leurs actes. Ainsi à côté du drapeau tricolore se voyaient encore les fleurs-de-lis proscrites, foulées aux pieds par les vainqueurs de juillet. Le peuple s'était battu pour conserver la liberté de la presse, une loi portait obstacle à cette liberté en maintenant une mesure préventive créée par la restauration. A côté d'hommes recommandables par leur patriotisme, on voyait dans l'armée et dans l'administration des hommes qui avaient énergiquement professé leur amour pour la dynastie déchue. Si l'administration intérieure était faible, à l'extérieur les relations étaient sans force et sans dignité. On recevait l'insulte d'un duc de Modène, et on ne renvoyait pas à l'empereur de Russie sa lettre insolente. La nation s'offrait toute entière pour faire respecter le gouvernement de son choix, on eut peur de son élan patriotique, on fit tout pour l'arrêter.

Les peuples voisins, obéissant au signal que nous avions donné, se débarrassaient de leurs chaînes. Loin d'applaudir à leurs efforts, de les encourager peut-être, notre ministère s'en montrait inquiet et mécontent. Il ne sentait pas que le meilleur moyen de maintenir la paix était de donner aux autres puissances une occupation intérieure. Grâce à Dieu cette *occupation inté-rieure* ne manque pas maintenant aux monarques despotes. Si on savait tirer parti de l'heureuse disposition des peuples, que de gloire pour la France !

Pour prix du sang qu'il avait répandu en conquérant la liberté commune, le peuple demandait qu'on instruisît ses enfans : le ministère ne pouvait parvenir à faire une loi sur l'instruction primaire, la plus facile de toutes.

Enfin, juillet et les excès du despotisme, le peuple et sa généreuse victoire, tout était oublié.

En vain l'un des plus fermes et des plus anciens soutiens de la cause populaire, Benjamin

Constant s'écriait : « Ces hommes auxquels vous » refusez des droits, sans eux, sans leur courage » vous n'auriez plus la tête sur les épaules. » Chambre et ministère, tout concourait à voiler l'éclat du soleil qui avait éclairé notre résurrection à la liberté.

Poursuivie par une désapprobation presque générale, la majorité du ministère se retira. Elle fut remplacée par des hommes chers au pays ; ils venaient joindre la popularité de leurs noms aux grands noms de Lafayette et de Dupont (de l'Eure). On espérait beaucoup de leur concours. Il en est un qui a réalisé toutes les espérances que les souvenirs de son ancienne gloire avaient fait concevoir. A sa voix faite pour le commandement, une armée s'est levée nombreuse, équipée et disciplinée. S'il faut un jour qu'elle combatte, qui saura mieux la conduire que celui qui sut l'organiser?

Pourquoi faut-il qu'abjurant en quelque sorte la gloire de leurs noms, qu'étouffant les inspirations de leurs âmes si généreuses, si patriotes, les autres ministres aient cru devoir continuer un système de *milieu* qui ne saurait convenir à notre position actuelle?

Les bonnes intentions ne peuvent manquer à de tels hommes. L'élévation à laquelle ils sont parvenus cause-t-elle donc des vertiges? Mais cette élévation, quelle qu'elle soit, n'était point au-dessus de leurs forces. *A chacun selon sa capacité* est le cri du siècle, *et leur capacité avait été récompensée selon leurs œuvres*. Ils devaient donc ne point s'étonner, ne point s'*éblouir*, et continuer comme ministres l'œuvre de toute leur vie.

Que leur mission était belle ! Elle était aussi plus facile qu'on ne pense. Il fallait suivre la voie tracée par le peuple. Tout ce qui lui rappelait l'ancien gouvernement lui était en défiance, il fallait se défier, et repousser les hommes de l'ancienne dynastie. Son langage était libre et fier, il fallait être ferme, même fier dans nos relations avec l'étranger. La volonté générale appelait une autre chambre, il fallait se souvenir que *la volonté générale est toujours droite et tend toujours à l'utilité publique*. Il fallait dissoudre la chambre, sans attendre qu'une demande en fût faite par la voie d'une émeute.

Au lieu d'adopter ce mode si simple, indiqué par l'opinion, le ministère surchargea la chambre de la discussion de lois dans lesquelles se manifesta sa répugnance pour le principe démocratique qui avait triomphé en juillet, de telle sorte que ces lois, quoique faites, *sont encore à faire*.

Une émeute, due à la juste irritation des esprits causée par la maladresse du gouvernement

et des chambres, fit intervenir la garde nationale comme un nouveau pouvoir dans l'état. La
chambre proclama que la garde nationale avait
sauvé le pays, et le lendemain de cette procla-
mation elle força, par une susceptibilité de liberté bien mal placée, le général de cette garde
à donner sa démission. Et quel général! le plus
grand citoyen de France, un homme des temps
antiques, dont la vie ne pourra être écrite que
par un nouveau Plutarque, un homme qui peut
dire de lui comme Solon : « J'ai défendu autant
» que j'ai pu les lois et ma patrie. »

De toute part on signalait au gouvernement
des complots carlistes. Le gouvernement ne
voyait rien, n'entendait rien, ne comprenait
rien; à tel point que beaucoup d'hommes, et des
plus raisonnables, en vinrent à penser que le
gouvernement était aussi du complot. Il fallut
que l'audace des conjurés se manifestât au
grand jour, pour que nos gouvernans s'aperçussent
enfin de ce qui, depuis long-temps, frappait
les yeux de tous; et alors qu'arriva-t-il? Qui
manifesta son indignation, sa haine et sa colère
pour ce nouveau crime des partisans d'une dynastie ignominieusement chassée? Qui réprima
et punit? le peuple, les hommes qui ont sur-
vécu aux mitraillades de juillet. Pendant trois
jours, la fureur populaire gronda comme les
flots de la mer, et frappa comme la foudre; mais

au moins elle choisit ses victimes, et cette fureur était encore de la justice; elle fut aussi un avertissement, et c'est à elle que nous devons la destruction, opérée par le gouvernement lui-même, de ces signes qui flétrissaient les sceaux de l'état et les murs de nos monumens. C'est à cette colère populaire que nous devrons enfin la dissolution d'une chambre qui, dès le 8 août au moins, devait résigner ses pouvoirs. Grâces soient donc rendues encore au peuple! Nous lui devons les vengeances de juillet et les punitions de février. Qu'on traite, si on veut, de Vandales des hommes préoccupés de la seule pensée de l'offense faite au pays. Qu'on déplore la destruction d'armoiries qui rappelaient notre long asservissement à une famille; quant à moi, je n'ai pas le courage de blâmer des actes qui me prouvent l'impossibilité du retour d'un ordre de choses que j'ai toujours combattu. Mais si son retour est impossible, ses intrigues sont à craindre; il faut donc se mettre en mesure de les déjouer.

Les raisons qui ont déterminé à demander au pays une nouvelle chambre doivent faire opérer, dans le personnel des ministres, des changemens capables de raviver un ministère qui est loin de présenter les élémens de la vie énergique qui doit désormais animer les dépositaires du pouvoir.

Dans les circonstances actuelles où il s'agit de comprimer les ennemis de l'intérieur, de se faire respecter et craindre des étrangers, de rendre au commerce sa splendeur et de restituer au peuple ses libertés natives, il nous faut des hommes d'une fermeté reconnue, d'un patriotisme invariable.

Il faut des hommes qui ne se contentent point de présenter de bonnes lois, mais qui les fassent exécuter, et qui n'oublient pas surtout que la bonne exécution des lois dépend des mains auxquelles elle est confiée. Qu'ils choisissent donc bien leurs fonctionnaires; qu'ils consultent l'opinion des localités, et que les nominations qu'ils feront soient en quelque sorte la confirmation des choix faits par le peuple.

« L'inflexibilité des lois, qui les empêche de
» se plier aux événemens, a dit Rousseau, peut en
» certains cas les rendre pernicieuses, et causer
» par elles la perte de l'état dans sa crise. L'ordre
» et la lenteur des formes demandent un espace
» de temps que les circonstances refusent quel-
» quefois...

» Si, pour remédier au danger, il suffit d'aug-
» menter l'activité du gouvernement, on le con-
» centre dans un ou deux de ses membres, etc. »

Ces raisons, que Rousseau donne pour l'établissement d'une dictature, *dans les cas rares et manifestes* où le pouvoir sacré des lois doit s'arrêter quand il s'agit du salut de la patrie, me serviront à appuyer un système de *centralisation de puissance ministérielle* que je crois utile dans la crise qui nous menace.

On a souvent augmenté le nombre des ministres pour donner un plus grand nombre de voix dans les délibérations; je proposerais de les diminuer dans le dessein d'obvier à la trop grande divergence d'opinions.

L'administration d'un état comporte cinq grandes divisions, l'*intérieur*, la *justice*, l'*extérieur*, la *guerre* et les *finances*. Je réduirais donc à cinq le nombre des chefs de ces administrations principales. On voit que je supprimerais deux ministères, celui de l'*instruction publique et des cultes* et celui de la *marine*. Les attributions du premier rentreraient dans l'administration de l'intérieur, dont elles n'auraient jamais dû cesser de faire partie; quant au ministère de la marine, je le réunirais à celui de la guerre. La marine n'est qu'un moyen de faire la guerre. Mon idée choquera à cause de sa nouveauté, mais si l'on se souvient que depuis seize ans la marine n'a jamais été administrée par un marin, on sera moins prompt à me condamner. A coup sûr un général, accoutumé à l'organisation des troupes, aux détails d'une armée, habile à connaître l'esprit des hommes de guerre, conviendra bien mieux à des marins que les hommes entièrement étrangers aux sciences et aux habitudes militaires que nous avons vus successivement se remplacer à la marine. Au surplus, pour les détails, on aurait, comme on a aujourd'hui, des chefs du personnel, du matériel et des conseils d'amirauté.

La suppression de deux ministres, à part l'économie qu'elle apporterait, simplifierait les rouages de la machine administrative. Il y aurait plus d'unité, dès lors plus de force; et l'on avouera que, s'il a été difficile à la France de réunir sept hommes pourvus de capacité et de patriotisme, il y aura plus de chances d'en rencontrer cinq.

Supposons *à la guerre* un homme dont le coup d'œil élevé, hardi, embrasse toutes choses, organisateur actif, acteur glorieux dans nos nombreux et immortels triomphes (1).

------

(1) Le ministre actuel a signalé son avénement au pouvoir, en supprimant l'usage des dénominations nobiliaires. L'auteur d'une mesure si nationale ne peut être rempli que de bonnes intentions, aussi faut-il attribuer à l'immensité de ses occupations, et peut-être à l'influence d'une camarilla qui se fait sentir, surtout lorsqu'il s'agit de faveurs à accorder, les promotions dernièrement faites dans le grade de lieutenant-général. On a été surpris de voir élever à ce grade des maréchaux de camp mis depuis long-temps à la retraite, et auxquels

Au trésor, un financier d'un sens droit, d'un désintéressement éprouvé, d'une popularité méritée par des sacrifices de tout genre et de tous les temps faits à la cause du pays.

A l'intérieur, un de ces hommes assez jeune pour sentir comme la France nouvelle, assez âgé cependant pour avoir l'expérience des affaires, et pour échapper à la direction des flatteurs et des intrigans ; un homme qui aurait donné des gages de son amour pour nos libertés en les défendant constamment, de sa fermeté et de sa popularité en administrant dans des circonstances difficiles, et dont l'éloignement récent

---

par double faveur , on a donné des commandemens divisionnaires. N'eût-il pas été plus convenable d'être *juste* envers le général Borelly , le plus ancien des maréchaux de camp. En 1812 , il était chef d'état-major du général Molitor ; pendant les cent jours il fut nommé lieutenant-général. Pourquoi ne pas confirmer une nomination si justement méritée ? Pourquoi oublier aussi dans son modeste grade de maréchal de camp un brave militaire qui combattit toute sa vie, et sur tous les champs de bataille , les ennemis de la France. Son dévouement à la cause du pays , et , nous oserons le dire , son affection à la personne du monarque , datent de loin , et ont été partagés par deux sœurs qui , entraînées par un héroïque patriotisme , ont pris aussi leur part des lauriers de Jemmape. Quand donc n'y aura-t-il plus de courtisans qui empêchent d'être justes !

des affaires est un titre de plus à la confiance publique.

Que la justice soit administrée par cet homme dont elle est en quelque sorte le patrimoine, et qui reçut des témoignages d'estime et des expressions de regret de ses adversaires eux-mêmes, lorsqu'une brutale destitution vint l'enlever à une magistrature qui recevait du lustre de sa vertu.

Enfin, que le soin de traiter avec les puissances étrangères soit remis au général aussi habile guerrier qu'éloquent orateur, dont les discours démontrent une connaissance profonde des intérêts du pays.

Napoléon voulait en faire un maréchal de France; confions-lui la mission de parler à l'étranger. Son langage sera franc et fier. Faire d'un de ses meilleurs généraux son ministre des relations extérieures, serait un choix significatif. L'épée du général deviendrait un symbole.

A ce ministère ainsi composé je dirais : tout vous est possible. Ne manquez pas au pays, et le pays ne vous manquera pas. Ne craignez pas d'étendre ses libertés, il vous les paiera par l'amour de l'ordre et le dévouement à l'exécution des lois.

Ne redoutez pas l'étranger, il est trop inquiet de ce qui se passe autour de lui et chez lui pour se faire craindre au dehors. Au surplus faites-lui bien entendre que les fils de la France n'ont pas désappris à combattre. Menacez les despotes de la liberté; faites entendre aux peuples libres que notre cause est la leur et que notre esclavage sera le leur aussi.

Je lui dirai : ne redoutez à l'intérieur que les menées d'un seul parti, celui des partisans de la dynastie déchue. Quant aux républicains, ils sont trop patriotes pour être jamais ennemis, ou même obstacles dans votre gouvernement. Ils ont aidé eux-mêmes à créer l'ordre actuel, ils l'ont fait avec franchise et loyauté. Pourquoi voudrait-on qu'ils abjurassent leur conduite en présence surtout des circonstances graves dans lesquelles se trouve la patrie qui fut toujours leur idole? Ne savent-ils pas qu'il peut y avoir des monarchies républicaines et des républiques despotiques. Donnez-leur des lois démocratiques, et comptez sur leur appui.

Quant aux anarchistes, inquiétez-vous en peu. Un anarchiste ne veut pas de gouvernement, or il y a peu d'hommes de ce goût en France. On veut au contraire être gouverné, on se plaint de ne pas l'être. Souvenez-vous des trois journées de juillet. L'état était sans gouvernement; le troisième jour le peuple en avait créé un. Ces prétendus anarchistes ne sont que les sicaires du parti vaincu; surveillez ce parti, c'est la tête qui commande ; qu'elle ne puisse plus donner d'ordre, et vous n'aurez plus d'anarchistes. Soyez sans faiblesse pour des hommes qui sont sans remords, et qui seraient sans pitié s'ils étaient triomphans.

Les intrigues du confessionnal ; les émeutes de la place publique, le poignard de l'assassin, la guerre civile, la baïonnette de l'étranger, tout est bon pour des hommes qui ne voient la patrie que dans un seul homme.

L'intervalle qui s'écoulera entre la dissolution de la chambre qui pèse aujourd'hui sur nous, et la réunion des nouveaux députés, devra être utilisé par le ministère.

Il faudra qu'il l'emploie à composer un personnel d'administration compatible avec les principes de la souveraineté populaire. Qu'il ne s'y méprenne pas, le combat est entre ce principe et celui de la légitimité. L'un ou l'autre doit sortir triomphant de la crise dans laquelle nous sommes. Le triomphe, je n'hésite point à le dire, est assuré au principe qui trouvera le pouvoir dans les mains de ses partisans. Ainsi légitimistes, quasi-légitimistes, hommes du milieu sont également à craindre, et c'est ici le cas de dire : « Qui n'est pas pour nous est contre nous. »

Que le ministère, dans les mesures de surveillance qu'il croira devoir prendre, s'inquiète peu des plaintes de ceux qu'elles atteindront; la nation sera toujours prête à lui donner un bill d'indemnité.

En s'occupant des ennemis de l'intérieur, qu'il ne néglige pas ceux de l'extérieur; qu'il continue ses armemens; qu'il presse les levées de la garde nationale; que nos places fortes soient garnies de troupes et de munitions; que nos soldats soient prêts à paraître sur les frontières; que nos ports voient réparer nos flottes, et construire quelques bâtimens légers.

Que le courage natif des Français soit encore excité par l'enthousiasme des proclamations; que la France, en un mot, devienne un vaste camp d'où *les enfans de la patrie* s'élanceraient en s'écriant encore : *Le jour de gloire est arrivé !*

Un point essentiel dont le ministère devra s'occuper, c'est la colonisation d'Alger. Il y aurait faute et crime à ne point conserver cette conquête; Alger doit être pour la France un grenier d'abondance, et un asile pour une superfétation de population; il faut donc mettre Alger en état de défense. Qu'on ne s'effraie point des menaces de l'Angleterre. Le léopard d'Albion n'a plus ni griffes, ni dents : Il ne fait plus entendre qu'un rugissement dont les âmes fermes ne doivent pas se laisser troubler.

Le commerce souffre depuis long-temps; il demande des débouchés pour le placement de ses produits; que le ministre des relations extérieures se hâte de faire des traités de commerce avec les républiques d'Amérique, et accrédite près d'elles des consuls au fait des intérêts commerciaux, et fiers de les défendre sous la protection du drapeau tricolore. Le commerce se précipitera dans ce nouveau débouché; nos marchandises s'y écouleront, notre trop plein de population y trouvera une place et notre marine marchande un exercice pratique, qui en fera une pépinière précieuse pour les vaisseaux de l'état.

Que le ministère s'offre alors avec confiance aux élus de la nation, et que chacun des ministres présente les lois ressortissant de son département qui sont désirées par la France.

Une loi que sans crime on ne peut ajourner plus long-temps est celle sur l'instruction primaire. Je la voudrais en quatre ou cinq articles.

Par l'un, on déclarerait que l'instruction primaire est gratuite, et forcée comme le recrutement.

Par un autre, que dans chaque commune il y aura un instituteur marié.

Par le troisième, il serait dit que dans chaque chef-lieu de département il y aurait une école-modèle, où se formeraient les instituteurs.

Le mode adopté dans toutes les écoles serait

l'enseignement mutuel, jusqu'à ce qu'on en trouve un meilleur.

On apprendrait dans les écoles primaires à lire, écrire, compter, et le dessin linéaire.

Toutes autres dispositions compliqueraient la loi sans utilité.

Quant à l'instruction du second degré, je la dégagerais du monopole, de la fiscalité, des procédures et du despotisme pédantesque de l'Université actuelle. D'abord je ne voudrais pas que le gouvernement se fît maître de pension sous le nom de ses proviseurs.

Je réduirais le système universitaire à la simplicité des écoles centrales, avec les modifications que l'expérience a indiquées dans l'intérêt de la force des études.

Tout chef d'institution serait obligé d'envoyer ses élèves au collége national.

Les professeurs de l'Université seraient jugés pour les actes qui pourraient leur être reprochés, dans l'exercice de leurs fonctions, par un jury composé de professeurs.

Quant aux élèves des écoles de droit, de médecine, des beaux-arts, je les ferais juger par un jury composé mi-partie de professeurs et d'élèves.

Puisque la chambre n'a pas su faire une loi municipale en harmonie avec les progrès de la civilisation et avec les besoins de l'époque, il faudra en présenter une nouvelle qui admette la nomination des maires, adjoints, conseillers municipaux, par tout citoyen âgé de vingt-cinq ans, jouissant de ses droits civils, et inscrit sur les rôles des contributions.

Ces nominations auraient lieu pour deux ans. Le maire ne serait en quelque sorte que le pouvoir exécutif des conseils communaux.

Le commissaire de police serait l'agent du pouvoir exécutif communal.

Les fonctions de cet agent devraient être relevées dans l'opinion. La première chose à faire serait de le prendre dans les localités.

La centralisation est la plaie des provinces. Si l'on ne peut la détruire entièrement, au moins faudrait-il en diminuer les inconvéniens.

Une loi départementale devrait donc être présentée.

Chaque arrondissement aurait un conseil administratif composé de vingt membres.

Cinq membres se réuniraient une fois par mois au chef-lieu d'arrondissement, sous la présidence du sous-préfet. Ils donneraient leur avis sur les divers objets qui leur seraient soumis.

Ils jugeraient tous les faits de contravention aux lois sur la police des routes, sur les cours d'eau, etc.

L'ingénieur d'arrondissement serait tenu de

rendre compte tous les mois des demandes qui lui auraient été renvoyées.

Le département aurait un conseil composé de vingt membres; il se réunirait sous la présidence du préfet, quatre fois par an, et donnerait son avis sur celui qui aurait été pris par les conseils d'arrondissement, dans le cas où la connaissance lui en serait déférée par les parties ou par l'administration.

Les conseils de département et d'arrondissement seraient élus; ils ne le seraient que pour deux ans. Les membres pourraient être réélus.

En même temps que ces lois, il en faudrait présenter une nouvelle sur les élections, car celle qui a été faite est un affront au pays.

Serait électeur tout citoyen âgé de vingt-cinq ans, jouissant de ses droits civils, et payant 100 fr. d'impôts fonciers, ou 150 fr. de patente.

Une propriété qui paie 100 fr. d'impôts représente 20, 25 ou 30 arpens, ou une maison d'un revenu de 8 à 900 fr.

Qui est plus intéressé à l'ordre que le propriétaire d'une fortune médiocre? Un grand propriétaire peut escompter une partie de sa fortune par des emprunts: il n'en est pas de même de celui qui possède peu; il n'a qu'une ambition, c'est de conserver le peu qu'il a.

L'industrie représentée par 150 fr. de patente suppose, dans celui qui l'exerce, une mise de fonds, une fortune mobilière qui lui donne les moyens de soutenir et d'élever honorablement sa famille. Son intérêt se trouve encore dans le repos et l'ordre.

L'intelligence est aussi une garantie d'ordre; il faut donc admettre au rang des électeurs ceux dont la profession ou la qualité est une présomption de capacité intellectuelle.

Quant aux éligibles, la loi devrait dire que tout citoyen, âgé de trente ans, jouissant de ses droits civils, peut être élu député.

La garantie d'une bonne élection serait dans la composition des colléges électoraux, qui, comprenant, en majorité, cette classe moyenne qui fait la force du pays, et qui est si dévouée à l'ordre dont elle a besoin, ne ferait que des choix honorables.

Prétendre que le cens de 5oo fr. ou de 1000 fr. est une présomption de fortune, et que la fortune est une présomption d'honneur, sont deux absurdités. Ce que nous avons vu depuis quinze ans en est bien la preuve. Tel élu, signalé par ses richesses, déclarait sa faillite. Tel autre, réellement riche, était vendu au pouvoir. Certes, les richesses ne manquaient pas aux trois cents de M. de Villèle; cependant, vit-on jamais députés plus asservis aux volontés ministérielles? L'homme qui a beaucoup d'argent l'a gagné souvent parce qu'il l'*aimait beaucoup*, et qui aime beaucoup l'argent ne s'arrête jamais dans son désir d'en acquérir encore et ne répugne à aucun moyen. On ne contestera pas le désintéressement aux hommes de notre première révolution; il est aussi incontestable que la pauvreté de beaucoup d'entr'eux. Ainsi, on peut être désintéressé quoique pauvre, et avide quoique riche. Laissons donc aux électeurs le choix entre l'homme qui possède peu de fortune et beaucoup d'honneur, et celui qui, quoique riche, n'en est pas moins susceptible d'une coupable vénalité.

Que les électeurs soient des jurés dans la cause du pays; qu'ils déclarent, sur leur âme et sur leur conscience, que tel homme qu'ils choisissent pour représenter et défendre les intérêts du peuple est vraiment digne de cette noble mission.

On aurait bien tort, au surplus, de s'effrayer du nombre des choix qui seraient faits parmi les éligibles qui ne paieraient aucun cens. Ces choix n'amèneraient peut-être pas vingt députés à la Chambre. Les électeurs seront toujours plus disposés à donner la préférence à la fortune, rendue manifeste à leurs yeux par la propriété foncière, ou l'exploitation d'une grande industrie. Les hommes ne sont que trop portés à reconnaître l'influence de la richesse et à s'y soumettre.

Quatre cent trente-deux députés, pour une population de 32 millions d'individus, ne sont pas suffisans ; je voudrais un député par cinquante mille habitans.

Après ces lois urgentes, il en est d'autres qu'il ne faudra pas faire beaucoup attendre.

L'ordre judiciaire doit recevoir une organisation nouvelle.

La procédure doit être simplifiée. Ce n'est plus à des Pigeau qu'il faut confier le soin de régler les formes conservatrices du droit. De tels hommes n'ont servi qu'à étouffer la justice sous les formalités. Le premier devoir d'un gouvernement, c'est de faire en sorte que la justice soit prompte, paternelle et à bon marché.

L'institution des juges de paix doit être utilisée et agrandie. Il n'est pas plus difficile à un juge de décider sur la valeur d'un billet de 1000 fr. que sur celle d'un billet de 100 fr. Le préliminaire de conciliation doit être une tentative sérieuse et non point une formalité dérisoire.

Les tribunaux de première instance sont trop nombreux ; ils le seront plus encore si l'on étend la compétence des juges de paix : il faudra donc en diminuer le nombre.

Quant aux cours d'appel, que l'on compare le nombre des arrêts confirmatifs à celui des arrêts infirmatifs, et l'on se convaincra de leur peu d'utilité réelle. Qu'on réfléchisse ensuite sur l'énormité des frais qu'entraîne la décision d'un appel, et l'on sera porté à croire que le second degré est plus nuisible qu'utile. Cependant, comme l'erreur est du domaine de l'homme, que l'on conserve une juridiction appelée à réformer les fautes des premiers juges, mais qu'on élève le dernier ressort des tribunaux de première instance, et qu'on réduise le nombre des cours.

Les formes de l'expropriation doivent être simplifiées. Les provinces réclament surtout contre les abus de cette procédure. *Délai* donné au débiteur pour sa libération; *publicité* de la poursuite afin de procurer plus d'avantage à la vente : tels sont les deux principes qui doivent guider dans la rédaction d'une nouvelle loi.

Les faillites doivent aussi attirer l'attention du législateur. Dans l'état actuel les faillites ne sont utiles qu'aux greffiers et aux agens d'affaires.

Il doit y avoir pour le débiteur de bonne foi un moyen autre que la faillite de traiter avec ses créanciers. Pourquoi, s'il obtenait un arrangement des trois quarts en somme, ne pourrait-il point faire homologuer cet arrangement avec ses autres créanciers, sans avoir recours aux formalités d'une faillite ? L'entêtement d'un seul créancier ne devrait pas nuire aux autres, et au débiteur auquel on n'aurait rien à reprocher.

La contrainte par corps est tellement hors de l'humanité, qu'on ne saurait trop restreindre les cas où elle devrait être appliquée. Les lois de Solon la proscrivaient, la morale du christianisme, la philanthropie du siècle devraient bien avoir l'humanité des lois de Solon.

Pour faire une juste application de ce mode d'exécution, il suffirait de mieux régler la compétence des tribunaux de commerce, qui traduisent à leur barre les individus les plus étrangers aux opérations commerciales. N'avons-nous pas vu le roi de France cité devant la juridiction consulaire?

Les tribunaux de commerce ne sont que des tribunaux d'exception, et vous verrez que d'exception en exception ils jugeront toute la France. Qu'importe que l'acte qui oblige un débiteur soit un contrat de change, si ce débiteur n'est réellement pas commerçant? Il ne peut pas avoir fait, en signant une feuille de papier, acte d'une profession qu'il n'exerce pas. Le Code de commerce, par la disposition qui considère comme acte de commerce un acte qui n'est pas fait par un commerçant, donne la préférence au mensonge sur la vérité. Nul ne doit être distrait de ses juges naturels; tel est le vœu de toutes les législations, et cependant tous les jours un non-commerçant est traduit devant les juges consulaires.

Tel est le rapide tableau des lois que je voudrais voir présenter. Chaque classe de la société y trouverait son compte. Les individualités étant satisfaites, les masses le seraient aussi, et béniraient le gouvernement dont elles tiendraient de bonnes lois. Mais, je le répète, il faut de la fermeté et de la popularité dans le pouvoir; non pas seulement de cette popularité qui fait recevoir à sa table un maire de village, mais de celle qui porte à regarder le peuple comme bon à quelque chose, et à lui donner des droits qui le fassent en quelque sorte participer à l'action du gouvernement. Un gouvernement qui s'appuie sur l'amour des masses est le plus fort de tous. Le roi que nous avons couronné veut être l'objet de l'amour du peuple, il a tout ce qu'il faut pour réussir. Honte et malheur aux ministres qui ne sauraient pas se conformer à une si noble volonté !

FIN.